नायाब मेहताब

Verses Carved in the Moonlight of the Heart

Shikha Thakur

India | USA | UK

Made with ❤ on the BookLeaf Publishing Platform
www.bookleafpub.in
www.bookleafpub.com

Dedication

*To the love of my life, my best friend, and the heartbeat
behind every verse—
the one who stirs my soul and lights up the quiet corners
of my heart,
This book is for you.
Every word, every poem, is a reflection of the love and
inspiration you've given me,
A love that transcends time and space,
A love that will forever echo in these pages.*

*Thank you for being the endless source of my
inspiration,
For loving me with a depth that words could never
capture.
This book is as much yours as it is mine,
For without your unwavering support, this journey
would never have taken shape.*

*To my readers, may these poems be a gentle whisper in
the quiet moments,
A reminder of love's beauty, its power, and its grace.
I hope these verses find their way into your hearts,
Just as love itself finds its way into ours—unexpectedly,
unconditionally.*

*May you leave these pages with a piece of your own
heart,
As I leave a piece of mine with you.*

With all my heart.

Preface

Nayab Mehtab—"The Rare Moon"—is a celebration of love in its purest, most timeless form. In the vast sky of life, there are moments and emotions that shine with such brilliance and clarity that they leave an everlasting imprint on our hearts. Like the rare moon that graces the night, true love illuminates even the darkest of times, guiding us through uncertainty and doubt.

This collection is an homage to that extraordinary love— the kind that transcends time, speaks in whispers, and holds the power to heal. Each poem within these pages seeks to capture the beauty of love's rarest expressions, the quiet yet profound moments where hearts connect, and the soul finds its true reflection.

Through Nayab Mehtab, I invite you to explore a love that is both fragile and unbreakable, fleeting and eternal, like the moon itself. May you find within these verses a piece of your own heart, and perhaps, the rarest light of all—true love.

Acknowledgements

With a heart full of gratitude and love, I dedicate this book, Nayab Mehtab, to the soul who have inspired me along this beautiful journey of expression. Writing these poems has been a profound experience, and I owe much of my inspiration to those who have touched my life in ways both big and small.
Your belief in me, especially during the moments of self-doubt, has made this book possible.

To my muse, whose presence in my life has been the driving force behind these verses—thank you for being the light in my words and the fire in my heart. This book is a reflection of the love, passion, and joy you've gifted me.
Your presence in my life has been the spark that transformed mere thoughts into poetry. In your silence, I've found the loudest emotions; in your absence, I've discovered the deepest longing. You are the heartbeat of these poems, the gentle whisper in every stanza, and the light that guided me through the darkest of times.

To you, who unknowingly became my muse, my gratitude is beyond words. This book is a humble offering, a piece of my heart laid bare, written for no one

else but you.
Forever yours,

I would also like to extend my sincere thanks to the editors, publishers, and everyone who helped shape these poems into something real and tangible. Your guidance has been invaluable.

Finally, to my readers: thank you for embracing my words and allowing them to touch your hearts. May the poetry within these pages bring warmth, comfort, and a sense of connection to each of you.

With all my love.

श्रेष्ठतम

तू साथी नहीं, तू मीत है
तू हमसफ़र नहीं, संगीत है
उम्र भर बस तुझे सुनती जाऊँ
दिल की यही बस रीत है

तुझे पता है
ज़िंदगी बहुत थी अब तक
पर जीने तेरे साथ लगी
हसरतें बहुत थीं अब तक
पर बयां करने तेरे साथ लगी
कहने को मैं ख़ैरियत थी
पर जिस्म को जज़्बे की इनायत तेरे साथ मिली
जो हर तकलीफ़ मिटा दे
वो अश्क़ हो तुम
जो छोटे से सपनों में पंख लगा दे
वो शख़्स हो तुम

तुम हर हयात में मेरे हुदूद ही रहोगे
तुम हर जनम में मेरे लिए श्रेष्ठतम ही रहोगे
पा लिया कायनात सारा, अब तू ही मेरी प्रीत है

और क्या जीतना मुझे इस दुनिया से
जब तू ही मेरी सबसे बड़ी जीत है
सबसे बड़ी जीत है

ख़याल

एक शख़्स का ख़याल हर रोज़ आता है
वो दिल के दरमियान बयाबान अफ़सून मचा जाता है
कैसे समझाऊँ उसे
उसे हर एक बंदगी में माँगती हूँ
उसे हर एक ज़िंदगी में माँगती हूँ

बाद-ए-सबा में जो आए वो ख़यालात हो तुम
बयां न कर सकूँ ऐसे जज़्बात हो तुम
ब-दस्तूर बसीरत तेरे दीदार को मुकम्मल है
आफ़रीन अफ़सानों के आशना हो तुम
ये फ़रमंदार बड़े फ़ख़्र से तुमसे गुज़ारिश करती है
कब तक यूँ सिर्फ़ गुफ़्तगू ही करोगे?
कभी आ भी जाओ ना घर बसाने के लिए

हर एक सितम मैं सहने को तैयार हूँ
हर जंग से जन्नत का सफ़र तय करने को तैयार हूँ
ख़ुमार और जज़्बा दोनों मयस्सर है
मैं मुन्तज़िर हूँ
साथी से सात जन्मों की हमसफ़र बन जाने के लिए
तुम ज़िंदगी हो और जीना भी तुम्हारे संग ही है

अब कह भी दो ना तैयार हो
हर जन्म मेरे संग बिताने के लिए
मेरे संग बिताने के लिए

रब

आशना है आशियाँ है
अर्श में भी बहार है
बेखुदी में इस क़दर बेबस हो चुके
अब तुमसे अलहदा तो सीधा मौत को स्वीकार है
तुम फरिश्ता हो और यह फलसफा तो हम खूब जानते है
तुम्हारी ख्वाहिश में हम इस जहाँ को भी रश्क मानते है
अब कितनी ही उल्फत हो हमे सबसे तस्कीन है
तुम्हारे इश्क पर कुर्बान न हुए
तो क्या खाक ये इश्क संगीन है

तुम्हारा इस क़दर हमे निहारना
इक जुनून दे जाता है
लफ्ज़, लहज़ा, लिहाज़ हम तो सब गवा बैठे
तुम्हारे इश्क में बस सुकून नज़र आता है
मंजिल तो मिल गई अब बस क़दम बढ़ाने है
तेरे संग जीवन की हर सीढ़ियाँ चढ़ जाने है
तेरा हाथ पकड़ यह कहने को जी करता है
तेरे साथ जन्मों जनम रहने को जी करता है

तेरे संग बिताए पल हर दर्द का इलाज़ है

माना मै थोड़ी नादान हूँ गलतियाँ कर जाती हुँ
पर मेरी ये नादानियाँ ही तो तेरे इश्क की मोहताज़ है
अब तेरे इश्क में खुद को मिटा भी दूँ इसमें क्या ही ऐतराज़ है
तु जहाँ, तु समा, तु ही तो मेरा सब है
हमसफर, हमदम भी क्या ही बयां करेंगे तुझे
तु ही तो मेरा रब है
तु ही तो मेरा रब है

साथ

राम्तों में डगमगाऊंगी
उठ खड़ी न हो पाऊँगी
जो तुझमें ज़िंदगी समा गई अब
क्या खुद से उम्मीद कर पाऊँगी
संभालने तू आयेगा ना
मुझ गिरती हुई को उठायेगा ना

तुम्हे पता है
इस दुनिया में सिर्फ़ तुम ही एक अपने हो
दुनिया से मेरे लिए लड़ सकोगे बया
हाथ पकड़ बढ़ सकोगे क्या
मेरा साथ दोगे क्या?

अब थक गई इस दुनिया से
पर क्या करूँ
दुनिया मे तुझ जैसा स्वर्ग भी तो है
कमबख्त कौन मरना चाहे
जब तुझ जैसा हमदर्द भी तो है
तुझ जैसा हमदर्द भी तो है

तेरी हो गई

गुस्ताख दिल की बड़ी अलग बेबसी हो गयी
उलझनों के बसेरे में तेरी मौशुकी हो गयी
बेइंतेहा इस कदर चाहा तुझे
मेरी ना रही मैं जबसे तेरी हो गई

...

तू सवेरे का चहकना
तू अंधेरे में बहकना
तू समुंदर का किनारा
तू ही तो है ये जग सारा
इस कदर तुझसे दिलकशी हो गई
की मेरी ना रही मैं जबसे तेरी हो गई

...

इश्क तो मुफ़लिज एक नाम है
तू तो इश्क का असली पैग़ाम है
इश्क भी आकर कहता है मुझसे
तू तो जीत गया यार तेरे प्यार को तो मेरा भी सलाम है
तू खुद सोच इस ज़िंदगी में तेरी क्या वकर हो गई
की मेरी ना रही मैं जबसे तेरी हो गई

...

रब से तुझे माँगने की गुजारिश भी क्या करूँ

रब भी हंसकर कहेगा मुझसे मुझी को माँग रही है
इसलिए बस रब से यही ख्वाहिश है
उनके इस भेजे पैग़ाम मैं ऐसे कैद रखे कि
मेरी ना हो सकू मैं जबसे उसकी हो गई

...

अरमान

तू मुक्कमल हुआ कुछ इस क़दर
होश और चैन गवा बैठे
तू हरारत ही नहीं
शरारत भी है
ये सब हम भुला बैठे
तू कहता हे ना
तू कहता हे ना मुझसे ज्यादा कोई चाहे अगर
हो जाना उसकी
अब तुम्हें क्या बताएँ
ये दिल जान धड़कन
हम तो सब तुम पर गवा बैठे
...
तू जितना मिलता जाता है
दिल कहता है बस थोड़ा सा और
अब तो तकदीर भी पलट कर कहती है
बस कर न वो पूरा ही तो हे तेरा गुरूर
अगर ऐसा कोई धर्म होता
जिसमें तू हर दम होता
पाकीज़ा मुश्लिफ न कोई शर्म होता
ये मुनाजिफ तेरा हर दम होता

...

तुझे पता है जीवन के संगम को क्या कहते है
तुझे पता है एक सच्चे हमदम को क्या कहते है
मेरी बात मान
उठ, और देख आईने के सामने अपना तख्तदाम
हाँ बिल्कुल तू ही है वो हमदम
जो हर लैला चाहती है अपने तदफ्फर के नाम
तू सादगी है
तू बंदगी है
तू जहान है
तुझे पता है
तू मेरे बसेरे का इकलौता अरमान है
इकलौता अरमान है

.

दिल

जब जब ये दिल डरता था
एक हमसफ़र की ख्वाहिश करता था
सपने टूट ना जाए
दामन रूठ ना जाए
बस इन्हीं हालातों से खुद को रोक लिया करता था
पर फिर भी
एक साया हमेशा दिल में रहता था
क्या तुम ही थे वो

जब जब कोई इस दिल को सताता था
बस एक तेरा चेहरा नज़र आता था
तेरी खुशबू, तेरी हंसी, तेरा एहसास
क्या तू ही था वो जो था मेरे दिल के इतने पास
फ़िर क्यूँ...
ये दिल इस कदर बेकरार था
क्या वो नहीं जानता था कि
रूह को सिर्फ और सिर्फ तुझसे प्यार था
क्या तुम ही थे वो

तू वो शख्स है

जिसने मुझे हसना रोना जीना सिखाया
तू वो शख्स है
जिसने मुझे सर आँखों पर बिठाया
तेरे प्यार की क्या कीमत बयाँ करूँ
तू सारी उम्र मेरे साथ रहे बस यही दुआ करूँ
तेरे बालों से खेलना, तेरी आँखों में देखना
तुझसे इशारों में मिलना क्या यही प्यार था
सच कहुँ तू दोस्त नहीं तू तो मेरे जीने का आधार था
क्या तुम ही थे वो

अब बस दिल की यही तमन्ना है
की......
ऐसी ज़िंदगी होगी हर तरफ खुशी होगी
इतना प्यार दूँगी तुझे ऐ मेरे सनम
मुझे बस तुझसे दिल लगाना है
हद से गुज़र जाना है
क्या तुम ही थे वो

मेरे लिए प्यार कहूँ तो तेरा चेहरा
लफ्ज़ लिखुँ तो तेरे बोल
ज़िंदगी कहुँ तो तू मेरे साथ
और हाँ...
और हाँ अब जान गई यही था वो प्यार का एहसास
यही था वो प्यार का एहसास
हा तुम ही थे वो

ख्वाब

कुछ दिल की तमन्ना कुछ ख्वाहिश की गुज़ारिश
कुछ पल तेरे हाथों में हाथ और वो बारिश
कुछ मेरा यूँ संवरना और तेरी वो मुस्कान
कुछ यूँ जैसे मेरे फूल और तेरे बगान

कुछ पल भर का साथ और वो चाँदनी रात
कुछ तेरे हाथों पर मेरा हाथ और वो ढेर सारी बात
कुछ बुने ख्वाब कुछ अनकहे किताब
कुछ तेरे सवाल कुछ मेरे जवाब

कुछ दिल का यूँ धड़कना कुछ तेरा यूँ तड़पना
कुछ मेरी प्यारी बातें और जन्मों की सौगातें
कुछ तेरे मीठे बोल कुछ जीवन के भूगोल
कुछ तुझमें यूँ मेरी ज़िंदगी जैसे श्यामा और चकोर

कुछ अनकही दास्तां और तेरे संग पास्ता
कुछ प्यारी हॉबी और तेरे संग मूवी
कुछ बुने हुए ड्रीम और तेरे संग आइसक्रीम
कुछ प्यारे प्यारे रीत और तेरे संग संगीत

कुछ हम दोनों का संग और जीवन का रंग
कुछ यूँ जैसे गंगा घाट और प्रेम प्रसंग
कुछ मेरी ज़िंदगी और तेरी याद
कुछ ऐसे तू मिला जैसे कोई ख्वाब
जैसे कोई ख्वाब

अजनबी

वो अजनबी क्यों अब अपना सा लगता है
जबसे वो ज़िंदगी में आया दिल को कुछ इस कदर भाया
न उसके बिना जीया जाए न रहा जाए
आखिर क्या थी ईश्वर की माया

कुछ महीनों बाद जब उसको करीब से जाना
दिल कहता था ऐसा भी हो सकता है क्या कोई फसाना
वो चमक वो नूर वो गुरूर दिल को भा गया
वो इंसान जीवन में एक नई पहल लेकर आ गया

कुछ पहेली सी थी उसकी ज़िंदगी और कुछ पहलू से थे उसकी बातें
वो दिन कहे तो दिन और रात कहे तो रातें
उसको जानना उसको पहचानना दिल को सुकून देता था
सच कहूँ तो वो इंसान हर रोज ज़िंदगी जीने का जुनून देता था

दिल जानता था कि प्यार है ये इस प्यार को बयां कर
और दिमाग कहता था व्यापार है ये इस व्यापार में मत पड़
बहुत समझाया खुद को बहुत की खुद से बातें
पर दिल को बस समझ आती थी उसकी वो जज़्बातें

आखिरकार वो दिन आया जब दिल ने उसे सब बताने को चाहा
एक अलग तड़प अलग एहसास दिल को भा गया
कोई शख्स इतना मशरूफ कैसे हो सकता है बस यही सवाल हर
तरफ छा गया
फिर क्या
फिर करदी बयां अपनी हालात कह दिया उससे तू ही है इस जीवन
की सौगात
दे धमकी उसे समझाई जी
आप हर जनम मेरे हमदम ही होंगे जी

उस दिन से ज़िंदगी तो जीती हूँ
पर जुनून उसका है
सांसें तो लेती हूँ
पर वजूद उसका है
मैं रूह तो हूँ
पर लिबास उसका है
सच कहूँ जिस्म तो मेरी है
पर जान उसका है

अब उसके बिना जीना तो मुमकिन नहीं
उसके बिन एक दिन क्या एक पल भी नहीं
मुझे प्यार जताना नहीं आता
बस लिख देती हूँ
और जितना लिखूँ उतना कम है
तुम समझ जाना एक उम्र नहीं
सारा जीवन भी तुम्हारे साथ कम है

बस इन्हीं लबों के साथ ये एहसास बयां कर दिया
तेरे बिना जीना अब गवारा नहीं
ईश्वर को भी ये बता दिया।

जन्मों जनम

इस जनम क्या हर जनम संग होंगे
अभी तो नए नए सितम भी होंगे
तुमने इश्क अभी देखा ही कहाँ मेरी जान
हम पर रब के अनेकों करम होंगे

इन बीते वक्त के सफर ने
ज़िंदगी भर की याद दे दी
खुदा से खुशियाँ मांगी थी फ़रियादों में
उन्होंने ज़िंदगी भर की किताब दे दी
पन्ने पलट पलट जब उन बीते वक्त को देखती हूँ
ज़िंदगी के ये पल बरा यही थम जाए सोचती हूँ
इतना मुक्कमल हो चुकी हु तेरे इश्क में
अब बस तुझे सिर्फ तुझे और तुझे ही सोचती हुँ

....

तुझे पता है तुझसे मिल कर एक एहसास दिल को छूता है
तुझसे दूर जाने का सोच कर ही ये दिल रोता है
तुझसे मिलने के बाद तेरी खुशबू रेह जाती है
बस बदन में ताह उम्र यूँही वो समाए रहे यही मन को भाती है
तू ये किस कशमोकश में डाल दिया है मुझे
पहले तुझसे मिलने की चाह

फिर तुझसे दूर जाने की तड़प सताती है
तुझसे मैं क्या ही बयां करु
बस इतना कहूँगी
तेरी हु तेरी थी तेरी रहुँगी
इस जनम नहीं हर जनम यही दुआ करू

तसव्वुर

इस जनम क्या हर जनम संग होंगे
अभी तो नए नए सितम भी होंगे
तुमने इश्क अभी देखा ही कहाँ मेरी जान
हम पर रब के अनेकों करम होंगे

इन बीते वक्त के सफर ने
ज़िंदगी भर की याद दे दी
खुदा से खुशियाँ मांगी थी फ़रियादों में
उन्होंने ज़िंदगी भर की किताब दे दी
पन्ने पलट पलट जब उन बीते वक्त को देखती हूँ
ज़िंदगी के ये पल बस यही थम जाए सोचती हूँ
इतना मुक्कमल हो चुकी हु तेरे इश्क में
अब बस तुझे सिर्फ तुझे और तुझे ही सोचती हुँ
....
तुझे पता है तुझसे मिल कर एक एहसास दिल को छूता है
तुझसे दूर जाने का सोच कर ही ये दिल रोता है
तुझसे मिलने के बाद तेरी खुशबू रेह जाती है
बस बदन में ताह उम्र यूँही वो समाए रहे यही मन को भाती है
तू ये किस कश्मोकश में डाल दिया है मुझे
पहले तुझसे मिलने की चाह

फिर तुझसे दूर जाने की तड़प सताती है
तुझसे मैं क्या ही बयां करु
बस इतना कहूँगी
तेरी हु तेरी थी तेरी रहुँगी
इस जनम नहीं हर जनम यही दुआ करू

साथ

कभी-कभी सोचती हूँ ख्यालातों में अपने
तुझ जैसे शक्स तो होते थे सिर्फ सपने
कैसे मेरा ये सपना सच में बदल गया
कैसे मुक्कमल हुई मैं जो मुझे तू मिल गया
मुझे तेरे संग जीवन का हर सफर तय करना है
पहले संघर्ष फिर सफलता और बुढ़ापे में साथ दे
मरते दम तक साथ चलना है

मुझे तेरी ज़िंदगी को हसीन बनाना है
तुझ संग हर पल को जी जाना है
तुझे कभी कोई परेशानी ना सता सके
ऐसा हमसफ़र तुझे बनकर दिखाना है
तेरे संग जो दिन रात सपने बुने है
हकीकत में उन सपनों को पंख लगाना है

तेरे शर्ट की बटन टूटने पर
अपने हाथों से सिल तुझे पहनाना है
जब तू थक जाए परेशानियों से
अपने सीने से लगा, गोदी में सुला
हर मोड़ पर अपना हाथ बढ़ाना है

इसके बदले तुझसे बस तेरा प्यार चाहिए
उम्र भर न टूट सके वो इकरार चाहिए
मुझे पता है तू मेरे लिए सब कर लेगा
पर सब कुछ नहीं
बस तेरा हाथ मेरे हाथों में
और उम्र भर का साथ चाहिए
उम्र भर का साथ चाहिए

पहला प्यार

मैंने सपने देखे तूने उड़ान दी
मैंने प्यार किया तूने मंज़िल दी
मैंने संघर्ष किया तू सफलता बना
मैं दुनिया से लड़ गई तेरे लिए
तूने मुझे पहचान दी
मैं लफ़्ज़ हू तो तू बोल है
मैं किताब के पन्ने हू
तो तू उसका भुगोल है

जीवन की कठिनाई सबको सताती है
सब कहते हैं शादी जीवन को व्यस्त बनाती है
पर मुझे तो तेरे नाम की 16 श्रृंगार करनी है
तेरे नाम की मेहंदी
अपने हाथों पर रचा सारे जग को दिखानी है
तेरे पर्स में अपनी फोटो सजानी है
तेरे कपड़े धोते वक्त जेबों से पैसे चुराने है
हमारे बच्चों को हमारी कहानियाँ सुनानी है
मुझे तो हर जीवन बस तेरी अर्धांगिनी बन दुनिया बसानी है

ये सारे सपने हम सच कर दिखाएंगे

सफलता की ऊंचाइयों को छू अपने सपनों को पंख लगाएंगे
तू मेरे घरवालों को आकर मनाएगा
डोली में बिठा मुझे अपने घर ले जाएगा
घर की लक्ष्मी बना खूब प्यार लुटाएगा
ए जी सुनती हो कह अपने पास बुलाएगा
बस देर मत करना नहीं होता अब और इंतेज़ार
आकर कह देना सारी दुनिया को
ले जा रहा हु मैं अपने जीवन की आधार
मेरा पहला प्यार मेरा पहला प्यार

बरसात

आज सुबह तेरी याद आयी
साथ महकती बरसात लायी
कह रही थी याद है वो पल
मैने पूछा क्या? बताना ज़रा
जब हाथ पकड़ा था उसने तुम्हारा
कह रहा था धूप तो नहीं लग रही मैं दे दू सहारा
जब चेहरे पर लहराती तुम्हारी जुल्फों को
हवा के रुख से लड़कर उसने संभाला था
जब तेज़ बरसात के आते ही
एक छत के नीचे तुम्हारा वो करीब आना था
बिजली कड़कते ही तुमने जो उसे गले लगाया था
वैसा पल क्या खूब तुम दोनों के जीवन में ख्यालात लाया था

अब उस बारिश को क्या बताऊँ वो तो शुरुआत थी
असल दिल्लगी की तो वो बस एक मोहताज़ थी
अब भी बरसात आती है
अनेको खुशियाँ लाती है
अब वो मेरे बालों को सहला मुझे सीने से लगाता है
उन पलों को और खुशनुमा बना सके
इसलिए

बारिश में मुझे नाच कर दिखाता है
मेरे चेहरे की बस एक ख़ुशी के लिए
दूर से मेरे लिए चाट पकौड़ियाँ लेकर आता है
वो बारिश नहीं एक जज़्बात है इसलिए हर बारिश
उसकी यादों की बरसात है

आज फिर वो पल आया हमारे मिलन का संदेश लाया
आओ अब उन पलों को फिर जीते है
बारिश में एक दूसरे को
इश्क़ में भिगोते है
आओ ना बरसात का मौसम आ गया
नये नये सपने सजाते है
सपने सजाते है

दुआ

तेरे चेहरे के नूर का राज़ क्या है

कहीं मेरे इश्क का अंजाम तो नहीं ये

हाँ जानती हूँ बहुत चमक है तुझमें

मेरे प्यार की एहसास की रोशनी तो नहीं ये

जब तू बातें करता हे दिल करता हे बस सुनती ही जाऊँ

जब तू सांसे भरता हे दिल करता हे बस समा जाऊँ

जब तू प्यार से कहता है ना बहुत प्यार है तुमसे

मन करता हे दुनिया की हर जंजीर तोड़ तुझ पर लुट जाऊँ

.

तू रात की वो चमक हे जो चंद्रमा बन झलकता है

तू चमन की वो चहक हे जो ख़ुशियों से दामन भरता है

तेरी बांहों में सारी ज़िंदगी गुजार दूँ इस क़दर इश्क़ मुक़म्मल है तुझ पर

पर क्या करूँ ये उमर की पाबंदियों से केद हूँ

वरना मेरे सब्र का इम्तेहान लेने से तो खुदा भी डरता है

.

तुझे अपने हाथों से खिलाने को जी करता है

तुझे सारे जग से छुपाने को जी करता है

डर लगता है दुनिया नज़र ना लगा दे तुझे

आपने आँखों से काजल चुरा लगाने को जी करता है

इस जन्म तू मेरा है आने वाले हर जन्म तुझे माँगती हूँ

खुदा जानता है मेरे प्यार की मोहलत
मैं हर बंदगी हर दुआ में तुझे माँगती हूँ
हर दुआ में तुझे माँगती हूँ

तोहफा

तुझे पाकर यूँ लगा जैसे ज़िंदगी में बस इसी का इंतेज़ार है
तेरे संग रह कर लगा ये प्यार क्या चीज़ है
की मुझे पूरी दुनिया में सिर्फ इसी शख्स से इकरार है
खुदा ने बड़ी फुरसत से बनाया है तुझे
वरना तुझ जैसा हमदम इस दुनिया में तो
खुदा को भी गुजारिश नहीं है
जरूर मैने कोई पुण्य किए थे कही
कि फल स्वरूप मिला मुझे तू जैसा हीरा बेशकीमती

जब कभी ये सोचती हु कि तुझ संग ज़िंदगी कितनी सुहानी होगी
जब तेरा गेरा प्यार अमर
और एक प्यारी सी हमारे प्यार की निशानी होगी
जब वो आकर आपकी गोदी में सोयेगी
बस पूरी उसी दिन मेरी जिंदगानी होगी
जरा सोचो तो वो पल जब वो आपके बालों से खेलेगी
आपके गोदी में प्यार से सो नए नए सपने पिरोएगी
जब आप उसके लिए बाज़ार से खिलौने लाओगे
उसकी एक खुशी के लिए हाथी बन उसे अपनी पीठ पर बिठाओगे
जब वो कहानियाँ सुनते सुनते आपके बांहों में सो जाएगी
फिर उठने पर आपको करीब देख फिर मुस्कुराएगी

फिर अपने स्पर्श से अनेकों खुशियाँ फैलाएगी

ये पल सुहाने है
इन पलों को लाने के लिए
हमे अभी बहुत से पुख्ते कदम उठाने है
मुझे बस आपका साथ चाहिए
उम्र भर आपकी सौगात चाहिए
मैं इन पलों को हमारी जिंदगी में ला
खुशियाँ फैलाऊंगी एक सच्ची हमदम बन आपको दिखाऊंगी
देखना एक दिन जरूर कहोगे आप
ज़िंदगी का सबसे एहम तोहफा दिया मैंने आपको जी
ये तोहफा एक खुशी की एहसास होगी
तब असल में हमारी सफलता की शुरुआत होगी
शुरुआत होगी

प्यार

प्यार क्या है? आखिर प्यार में खुमार क्या है?
प्यार शब्दों में बयाँ हो सके ऐसा एहसास नहीं
जिसको सच्चा प्यार मिले वो शख्स होता है खास कोई
हाँ मैं भी उन खास लोगों में आती हुँ
मैं भी अपने प्रीतम के प्राण में समाती हुँ
वो मुझे सारी दुनिया की तकलीफों से बचाता है
हर समय कदम से कदम बढ़ा अपने साथ ले जाता है
मेरी खुशियों में अपना सुकून ढूंढ लेता है
मेरे सपनों में अपने सपने संजो लेता है
प्यार तो ज़िंदगी की मरम्मत है
पर सही मायनों में मेरे लिए प्यार का वही एक मतलब है

आपको चोट लगने पर दर्द उसे हो वो है प्यार
आप लाख उसे तकलीफ दे
वो फिर भी आपकी खुशी में अपनी खुशी ढूंढ ले
वो है प्यार
वो हँसे तो आपका दिन बन जाए
वो चुप रहे तो मायूसी छा जाए वो है प्यार
उससे आपकी ज़िंदगी हो
वो नहीं तो कुछ नहीं हो वो है प्यार

प्यार दवा भी है और दर्द भी
प्यार दुआ भी है और मर्ज़ भी
जो अब तुझसे दिल प्यार कर बैठा है
तू ही मेरा खुदा है और तेरे लिए ही मैं खुदगर्ज भी

तेरे प्यार ने जीना सिखा दिया
वीरान सी ज़िंदगी को खुशियों से भर दिया
प्यार का नशा जो छाया इस क़दर
इस इश्क ने तकदीर बना दिया
तुझसे प्यार होना खूबसूरत मंज़िल थी
और तुझे प्यार करते रहना सबसे खूबसूरत सफर है
इस प्यार ने जो हमे बंधन में बांध दिया
अब हर जनम तू मेरा हमसफर है हमसफर है.

इश्क

तुझसे इश्क का फितूर कुछ यूँ छाया
दिल में उठ पड़ी ग़र्ज की फलसफा
मुंताज़िर मिजाज़ लाज़मी है तेरे कशिश को
तभी तो हो पड़े हम तुम पर मेहरबान
मुकर्रर मुलाकात बहुत जरूरी है आपसे
ऐसे मशरूफ ना हुआ कीजिए जानेजहाँ
बहुत कशिश है आपकी आँखों में नायाब मेहताब जो हैं आप मेरी
जान

इनायत है आप इस हयात की
इसलिए, जुस्तजू खत्म हो गई हमारे सवाल की
आपका जुनून यूँ गवारा हो गया है
मुक्कमल है हम इश्क में आपके
आपके जिस्म की आरज़ू नहीं हमे
हमे तो वफ़ा का गौहर चाहिए
इस नायाब मेहताब के शब में
हमे तो बस दो पहर चाहिए

मुसलसल सुबह आपकी यादें सुकून है
दिल को जो जीना सिखाए वो जुनून है

हम तो दीवाने हे आपकी मोहब्बत में
आपका चेहरा इतना हसीन है
आपकी तबस्सुम तबाही ला देती है
रेशमी बाल अनेकों हसरत जगा देती है
आपकी तहसीन में अब क्या ही कहे
आप तो स्वर्ग के जीनत से भी प्यारे हो
जीनत से भी प्यारे हो

इशिता

आतिश हे दिल में तुम्हारे इश्क की
अलहदा तो इसे कुबूल ही नहीं
आफताब की रोशनी हो आप मेरे जहाँ के
जीना तुझ बिन फ़िज़ूल ही
दलील देता है दिल मेरा मेरे प्यार की
इसमें कोई बात तो है जरूर
कुर्बत हुए हम इस कायनात में
क़ल्ब को हुआ तुझसे राब्ता हुज़ूर

ये शोखियाँ और शफ़्क़ शबाब है हमारे इकरार की
शरगोशी रुना रही है कहानी हमारे प्यार की
सादगी से जो पिरोया है हमने इस रिश्ते को
इशिता बन झलकेगी इस संसार की
सीलाह बहुत मीठी होगी इंतेज़ार की
सरर बहुत है मेरे हमसफर
ब-हर-हाल मोहब्बत जीतेगी मेरी और मेरे दिलदार की

...

वस्ल तो यही है तुझे खूब चाहूँ
तेरे चाह में ही हर पल गंवाऊँ
जब जब तू हाथ थामे

मेरी खुद की आँखें बंद होते हुए भी तुझे राह दिखाऊँ
तुझ बिन मेरी हर चीज़ अधूरी होती है
और कहते है रब से माँगने पर हर चीज़ पूरी होती है
मुझे वो हर डगर मिले जहाँ में कीमत बयाँ कर सकू मेरे प्यार की
देखना तरक्की कदम चूमेगी मेरे यार की

ज़िंदगी

लब पर तेरा ही नाम है
ये ज़िंदगी बस तुझपे कुर्बान है
मैं जानती हूँ मुझसे ज्यादा ख्याल हे तुझे मेरा
क्या बताऊँ इस दुनिया में तुझसा हमसफर
खुदा के तोहफे से क्या कम है
तेरा लहज़ा इतना लाज़मी है
खफा कुछ पल भी रह लू मज़ाल कहा मेरी
तेरी बातें सुनते ही जी करता है
बाहों में सिमट रख लू तुझे मेरी

फक्र हे खुद पर की तुझसा यार मिला
इस अजनबी दुनिया में तुझ जैसा प्यार मिला
लोग तरसते हे आज की दुनिया में जिस प्यार के लिए
मुझे वो प्यार हर वक्त बेशुमार मिला
बेखुदी अब इस क़दर है मुझमें
तेरे अलावा कोई भाता नहीं
जी करता है बस तुझे अपने पास रख लू
क्योंकि तुम बिन अब रहा जाता नहीं
इस दुनिया को दिखाना चाहती हुँ असली प्यार क्या है
जो कठिनाइयों में हाथ छोड़ कर नहीं

और कस्स कर पकड़े
वो यार क्या है

एक वादा हर बार देती हुँ
इस कायनात के कयामत तक
हर पल हर कदम तेरे साथ हुँ
तेरे संग हर सपने संजोती हुँ
तुझे सपने में भी सबसे सुंदर पिरोती हुँ
कभी कहा नहीं पर आज कहती हुँ
मैं तो बस तेरे लिए जीती हूँ
तेरे लिए जीती हूँ

बाहों में

चेहरा-ए-आयना हो आप
उल्फत-ए-तमन्ना हो आप
श्रेष्ठतम हो आप मेरे जीवन के
रूहानियत के आशियाँ हो आप
आप रूह की नाज़ हो
आप जिस्म का लिबास हो
आपकी नजरों की गहराई में जो इख़्तियार है
उससे मेरे दिल को बहुत करार है

बहुत दिलचस्पी हे आपकी दीवानगी में
एहमियत आपकी बेशुमार है
इनायत हो आप मेरी ज़िंदगी में
यूँ बादलों से भी गहरा मेरा प्यार है
इश्क में आपकी बराबरी करे
इतनी हमारी हैसियत कहा
बस आपसे आपको ही माँग लेते है
इससे बड़ी इश्क की कीमत क्या

कोई गैर तुझे देखे ही तो
दिल में एक आग सी लग जाती है

हकीकत तो ये तुझे कोई छुए नजरों से भी
ये बात मेरे रूह को नहीं भाती है
गुजारिश है बस एक तुझसे
रख ले अपने पनाहों में
उम्र भर न जा सकू
ऐसे कैद करले अपनी बाँहों में
अपनी बाँहों में

www.ingramcontent.com/pod-product-compliance
Lightning Source LLC
Chambersburg PA
CBHW070607160726
48003CB00005B/2157